사람의 향기

시에시선
025

사람의 향기

최서림 시집

詩와에세이

차례__

제1부

바람이 전하는 말 · 11
눈 내리는 마을 · 12
슬픔의 힘 · 14
천국과 지옥 사이에서 · 15
시인의 선물 · 16
슈베르트들 · 18
시의 잎맥 · 21
이 시대의 서정 · 22
모서리 · 24
지중해 · 25
내 안의 당신 · 26
사람의 향기 · 27
새털구름 · 28
목월의 달 · 30
말의 숲 · 31
능금밭길로 · 32

제2부

살구나무숲 · 37
아버지 소 · 38
짝새 · 39
그 남자네 집 · 40
박용래와 그의 빛깔들 · 41
시 담기 · 42
연인(戀人) · 43
시인의 보약 · 44
산소통 · 45
영랑의 봄 · 46
시인의 길 · 47
목이 긴 누이 · 48
슬픈 시집 · 49
시인 · 50
남천(南天) · 51
거꾸로 걷는 사람들 · 52

제3부

뒤안길로 사라진 것들 · 55
시인의 유산 · 56
슬픔의 속도 · 57
돌 속의 잠 · 58
삼천포는 쉼표다 · 59
백도라지야 · 60
민낯 · 61
보리깜부기 · 62
호박 빛깔 · 63
그릇론 · 64
불편한 시 · 65
마이욜 · 66
가을엔 부자 · 67
목월론 · 68
청도, 감나무가 등불을 켤 때 · 70

제4부

먼 저편 · 73
감꽃처럼 · 74
백사마을 · 75
시인과 장미 · 76
숨길 · 77
오각형 방 · 78
흑백추억 · 79
소한(小寒) · 80
유월 · 82
부드러운 물살 같은 · 83
라라를 기다리며 · 84
사람의 숲 · 86
모과 빛 · 88
말의 집 · 90

해설 · 91
시인의 말 · 111

제1부

바람이 전하는 말

이제 그만 납작 엎드려 민들레로 살라 하네.

몸 안에 공기주머니를 차고 방울새로 살라 하네.

부딪히지 말고 돌아서 가는 물로 살라 하네.

위벽을 할퀴고 쥐어짜듯 아픈 새벽

유리창을 두드리며 바람이 일러주는 말,

비우면 채워지고 비우면 채워지니 강물처럼 살라 하네.

물새 똥 앉은 조약돌처럼 구르고 구르면서 살라 하네.

눈 내리는 마을

샤갈의 마을에는 3월에 눈이 내린다고 하지만
둔촌동 호프집 〈눈 내리는 마을〉엔
일 년 내내 눈이 내린다
맥주잔이 몇 순배 돌고 나서 양주라도 섞이면
폭설로 바뀐다
가난한 시인, 소설가, 평론가들이
약속도 건수도 없이 모여 염소같이 떠들다
주량껏 취하면 핫바지
바람 빠지듯 한 명 두 명 사라진다
어떤 시인은 눈을 맞으려 술잔을 들고
지붕 위에서 풍선처럼 붕붕 떠다닌다
어떤 소설가는 시베리아 자작나무
숲으로 간다고 오리처럼 꽥꽥거리고 있다
어떤 평론가는 하이데거 만나러 간다며
『존재와 시간』에다 코를 처박고 있다
1차가 파할 때쯤이면 멀리 이사 간 시인, 소설가들도
부엉이같이 눈 내리는 하늘을 날아서 온다
이쯤이면, 샤갈의 마을에서 키우는

말, 양, 소들도 첼로나 기타를 들고 몰려든다

낮이나 밤이나 눈이 내리는 〈눈 내리는 마을〉은
포인세티아 같은 시의 동네이다

슬픔의 힘

기쁨은 염소같이 곧잘 옆길로 새지만
슬픔은 한 생애를 황소처럼 끌고 간다.

샛길로 샌 기쁨은 흔적도 없이 사라져도
눈물을 삭이며 걷는 슬픔은 길을 잃지 않는다.

기쁨은 슬픔이라는 바다 위에 떠 있는 빙산이다.
바닷물이 짤수록 빙산은 오롯이 잘 떠 있다.

천국과 지옥 사이에서

그를 지옥이라 불렀을 때, 나 역시
지옥으로 떨어지는 줄은 몰랐었다.

그에겐 눈물조차 없으리라 포기했을 때
나에게도 눈물샘이 말라버렸다.

증오의 정점에서
그의 슬픔이 가느다랗게 떨려오는 순간,
나에게도 실낱같은 슬픔이 살아났다.

그 역시 구멍투성이 인간으로 받아들일 수 있다면
나 또한 이 지옥에서 벗어날 수 있을 텐데

그의 생에서 구멍도 아픔도 읽지 못해
천국과 지옥을 오가며 십 년을 헤맸다.

시인의 선물

서리 맞고도 매달려 있는 홍시는
까치에게 줄 선물이다
내 유일한 사랑만큼이나 붉은
마당귀 아가위나무 열매 역시
어치에게 거저 주는 선물이다
갈매마을에서 세 들어 사는
땅콩만큼 작은 내겐
초겨울 저녁 하늘만 한 꿈이 있다
때죽나무 가지 끝에 걸린 감빛 노을을
엽서로 오려 부쳐주고 싶다
돈으로는 살 수도 없는
차이콥스키 협주곡처럼 낮게 깔린 안개,
둘레길에 수북이 쌓인 떡갈나무 잎은
타워팰리스에 사는 친구에게 한 박스 보낼 참이다
앞산의 갈대, 계곡물의 송사리, 이끼 낀 바위, 구절초와 감국
모두 값없이 받아 보내줄 게 너무 많다
하늘과 산과 들판은

줄 게 많은 나를 가장 사랑한다

슈베르트들

1

후박나무 빈 가지를 할퀴고 가는
십이월의 바람이다.
바이올린 하나 달랑 든 나그네가
짚더미 속에다 둥지를 트는
매서운 바람이다.
퍼렇게 멍든 선율을 탄 빙어 떼가
얼음장 같은 달을 가로질러
높이높이 헤엄쳐 올라가는 늦은 밤이다.

2

얼굴도 생각나지 않는다.
어딜 가나 따라다니는
그때 그 살 내음만으로,
본향 같은
첫사랑을 그려내고 있다.

월세도 못내는 화가의 그림 위로
불면증 환자의 눈썹을 닮은
그믐달이 지나가고 있다.

    3

컵라면 살 돈도 말랐다.
연봉 일백만 원짜리 시인,
교회에 살그머니 들어와 숨어서 잔다.
나그네도 아닌 나그네,
돌아갈 고향도 집도 없다.
어쩌다 시에 코가 꿰어서
여기까지 흘러오게 되었나.

    4

성북동 저택에 갇혀 있는 이중섭, 박수근, 권진규들
퀸 앤 북케이스 속에서 잊혀진 박재삼, 박용래, 천상병

들
  내가 빚지고 있는 수많은 슈베르트들
  높고 가난한 새털구름, 주목나무 투명한 열매, 버들치
들.

시의 잎맥

마취도 없이, 환부를 도려내듯
예순 넘도록 견뎌낸 그의 시는
잘 익은 벼 같지만
벌레가 속을 다 파먹은 밤이다.

낯바닥이 훤히 비치는 세숫대야 같지만
그의 시 밑바닥에는 진물이 고여 있다.

먼지 쌓인 그의 시집을
가만히 열어보면
페이지마다 피딱지들이 붙어 있다.

늦은 가을, 상수리나무 이파리만 한
그의 쪼글쪼글한 시의 잎맥 속으로
말라버린 실개천이 고집스럽게 뻗어 있다.

이 시대의 서정

오래된 영정사진처럼
미소 짓고 있어도 우는 눈빛이다.
말에 베인 상처 빛깔이다.
그녀의 시는 분노가
시럽처럼 녹아들어간 물의 빛깔이다.
댐 밑바닥에다 조금씩, 조금씩, 보이지 않게
구멍을 내고 마는 순하고 순한 물의 민낯이다.
밤새 개에게 쫓기다 허둥지둥
빈 아파트로 숨어드는 꿈의 색깔이다.
여보세요, 거기 아무도 없나요? 없나요? 없나…요?
벽을 두드리고 두드리다 무너져 내리는 가냘픈 절망의 빛깔이다.
몸 안에서 녹슨 쇳덩어리 떨어지는 소리만이
텅, 텅, 울려 올라올 뿐이다.
그녀의 서정은 온몸을 마구 긁어
겨우 앉은 피딱지를 떼고 또 떼어내는 밤의 빛깔이다.

그곳에는 밤들이 솜이불처럼 덮이고……

그곳에는 말들이 새벽이슬에 씻기고……

모서리

시는 모서리지
둥근 원이 아니다.
시인이 모가 났는데
시가 둥글면 가면처럼 쓸쓸하다.
시인이 둥글다는 것은
지나친 인격자란 것이다.
세상과 맞붙어
싸울 바보가 못 된다는 것이다.
울퉁불퉁한 상처도 없이
매끄럽게 잘 살아낸다는 것이다.
시가 빨아먹고 자랄
진물이 없다는 것이다.
진물은 생(生)의 모서리로 모인다.

지중해

마이욜 여인들의 청동 젖가슴을
오래오래 더듬다 보면,
우리 모두가 잃어버린 고향 냄새가 난다.
거기로 가는 길의 흔적이 만져진다.
역사 밖에서 역사 안에다
젖을 물려주는 마이욜의 여인들,
세상 어디에나 있는 지중해 같은 여인들.

내 안의 당신

밤이 되어도 지지 않는 내 안의 해
내 안의 오리나무숲에다 빛을 비추어주는 해
내 안의 오솔길로 끝까지 따라와 주는 해
내 안의 눅눅하게 젖은 말을 말려주는 해
내 안의 광기를 고스란히 받아내느라
속이 노랗게 곪아버린 나의 해
자고 나면 다시 펴져 있는 쿠션 같은 해
내 시가 광합성을 계속해 자라게 해주는 해

초승달로 들어와서 눈물을 참아내다
어느새 해가 되어버린 내 안의 당신.

사람의 향기

오십견이 처음 찾아왔을 땐
노래 「청춘」을 듣다가 밤 부엉이처럼 울었다.

육십 고개 넘어서면
나이도 재산으로 쌓이는가.

머리가 희끗희끗해질수록
목소리가 깊어지는 기객을 생각한다.

늦은 가을 저녁, 나무는
잎사귀를 떨어뜨리면서 비로소 나무가 된다.

껍질도 갈라터지고 속이 단단하게 채워질수록
나무의 향을 제대로 맡을 수 있다.

새털구름

위례성에서 활을 맨 채 졸다 깬 병졸,
저녁노을에 물든 새털구름을 올려다보고 있다.
가을 야생화같이 피었다 금방 사라지는
붉은빛 하늘꽃을 눈이 시리도록 쳐다보고 있다.
하늘꽃같이 곧잘 붉어지는 새댁을 두고 끌려온 병졸이
가을걷이 걱정에 하염없이 남녘 하늘만 바라본다.

목멱산 봉수대 위에 새털구름,
긴 한숨처럼 엷게 퍼져나가고 있다.
막사발을 굽던 늙은 도공이 굽은 허리를 펴며
하늘 가장 높이 떠서 흘러가는 얼음꽃을 지그시 보고 있다.
불가마 속에서 피어날 얼음꽃 무늬를 궁리하고 있다.
얼음의 정신으로 불을 지피고 있다.

하늘이 잘 보이지 않는 테헤란로,
이곳에서는 모든 길이 금융센터로 이어진다.
돈 되는 땅은 꼼꼼히 따져 살피지만,

하늘 한번 제대로 쳐다볼 시간이 없다.
고니 털같이 흩어지는 새털구름 아래서
메뚜기 잡던 아름다운 시절을 잊은 지 오래다.

목월의 달

마음 밭 넓은 목월(木月)의 시에는
황토에서만 자라는 소나무숲이 있다.
소나무 사이로 떠가는 달이
경상도 처녀애처럼 곧잘 구름 속으로 숨는다.
늘 반쯤만 차오른 목월의 달은
밤소 송편처럼 은근한 맛이 난다.
울퉁불퉁한 세상 한 바퀴 빙 돌아서
인생을 되새김질하며 고향 집으로 가는 길,
살구꽃 피는 마을 향해
터벅터벅 걸어가는 나그네 길이
달빛 아래 도포자락처럼 펄럭인다.

말의 숲

하루라도 말의 숲에 들지 못하면
몸 안의 이파리들이 시들시들해지는 사람들이 있다.

하루라도 시의 숲속에다 나무를 심지 못하면
몸 안에서 피톤치드를 뿜어내지 못하는 사람들이 있다.

지구상에서 사라진 이서국에는
지금도 황장목이 숲을 이루고 있다.

그 숲속에서 너구리와 도마뱀과 산꿩이
사람들과 말을 섞으며 함께 숨 쉬고 있다.

소나무숲 같은 말의 집을 지으려
이서국의 성문을 두드리고 두드리는 사람들이 있다.

삼국유사 속에서 숨어 살고 있는 이서국 사람들은
좀처럼 성문을 열어주지 않는다.

능금밭길로

나, 돌아갈래!

송사리랑 가재랑 숨바꼭질하다
보리밥 나누어 먹던 때로,
'가'자(字) 뒷대가리도 모르고
한세상 바람처럼 떠돌다간 아버지 시절로,
SKY, 취준생, 루저란 말조차 들어본 적 없던 그 시절로
나, 돌아갈래.
대나무 꺾어들고 낚시 가던 저수지로 갈래.

매미가 낮에만 울고
밤에는 잠들 수 있는 세상으로 갈래.
아이처럼 웃을 때 웃고 울 때 울 줄 아는
분노해야 할 때 분노할 줄 아는 사람들 속으로
나, 이제 돌아갈래.
구멍 많은 세상으로 돌아갈래.
물렁물렁해 바스러지지 않는 세상으로,
능금마다 태양이 알알이 박혀

추억의 빛깔로 익어가고 있는 그곳으로

이제 그만, 나, 돌아갈래!

제2부

살구나무숲

내 마음 깊은 곳에 자리 잡고 있는 고향에는
살구나무숲으로 된 성벽이 둘러쳐져 있다.
그 안으로는 시간도 뚫고 들어가지 못한다.
모래무지와 송사리가 놀고 있는
바닥까지 훤히 비치는 개울이 흐른다.
새마을운동 이전의 초가집과 돌담,
그 아래서 초등생 동무들이
옷소매로 콧물을 훔치며 땅따먹기하고 있다.
돈이 불도저처럼 밀고 들어올 수 없는 그곳에는
농약 냄새 나지 않는 복숭아꽃, 살구꽃 지천이고
내 첫사랑도 들어와 여직 살고 있다.
운동권 친구들도 슬며시 끼어 들어와 함께 산다.
내 안의 고향이 보고 싶을 땐
용접공 친구 얼굴을 보러 일산까지 간다.
백석처럼 전국을 누비고 고비사막까지 간다.

아버지 소

몸집은 남방식 고인돌만 한 싸움소인데,
얼굴은 이서국 농부같이 순한 일소이다.

영천최씨와 더불어 대대로 맥을 이어온 소,
우랄을 넘어 청도 땅까지 터벅터벅 걸어 들어와
작은 네 발굽으로,
고인돌보다 무거운 생을 떠받치고 있다.

노간주나무 코뚜레에 꿰이고
쇠말뚝에 붙들어 매여
둥둥 떠가는 구름만 멀거니 바라본다.

노역으로 허리가 휘어진 우리 아버지처럼
한번도,
들이받아 보지 못한 뿔 속의 화(火)가
눈물로 삭아 그렁그렁 고여 있다.

짝새

내 안의 가시나무에 둥지만 틀어놓고 가버린
짝새를 닮은 작은 몸에 가득 찬 눈물을 생각한다.

공무도하, 쓰러진 여인의 몸에서 쏟아진 눈물이
머리가 붉은 한 마리 꽃으로 피어났나.

사랑을 잃고 산골로 숨어버린 시인의
녹아내리는 마음 가장자리 맺힌 눈물방울 같은 새인
가.

사내 가슴에 둥지도 틀어보지 못한 나의 누이,
반지하 창문에 달라붙었다 지워지고 마는 빗방울인가.

그 남자네 집

상주나 영주 옛 고을에나 있음직한 그 집에서는
아내 이름을 따 능소화를 '서향'이라 부른답니다
오래된 담벼락 옆 은행나무를 감고 올라가
온 동네 창문마다 붉게 물들이는 서향이,
그 집 사람들을 닮아 한겨울에도
노을처럼 뜨겁게 피고 진다고 '사랑꽃'이라고도 하지요
일 년 내내 따뜻한 물이 밖으로 흘러나오는 그 집에는
물고기들이 올올거리며 몰려들고 있는 그 집에는

박용래와 그의 빛깔들

그의 시는 오두막의 호롱 불빛이다.
호롱 불빛에 젖어 들어간 봉창의 모과 빛이다.
후살이 가 일찍 죽은 누이를 닮은 구절초 빛깔이다.
장항선 철로 침목 사이로
고개를 밀어 올리는 앉은뱅이꽃 빛깔이다.
겉늙은 마음처럼 구멍이 숭숭 뚫린 들창문 빛깔이다.
강경 새우젓갈 냄새 나는 생(生)의 빛깔이다.
이 모든 빛살들이 한 식구같이 어우러져
말없이도 서로 통하는 빛깔,
주인 없는 집에 초대받은 손님 같은 색깔들,
우주보다 더 큰 적막 한가운데로 조심조심
뿌리를 뻗어보고 있는 색깔들이 모인 뜨락이다.

시 담기

불암산 둘레길 바위 위에
폰으로 녹음을 켜놓는다.

바람이 참나무 속잎 간지럼 먹이는 소리가 들어온다. 건달 같은 휘파람새 소리가 들어온다. 쉴 새 없이 눈알을 굴리는 똑순이 같은 동박새 소리가 들어온다. 딱따구리, 까치, 어치 소리가 포롱포롱 날아서 들어온다. 담쟁이 넝쿨이 소나무 기어오르는 소리, 계곡에서 물이 부서지는 하얀 소리, 버들치 올랑거리는 소리가 들어온다. 둘레길 사람들 두런거리는 소리, 발걸음 소리, 아랫마을 공사장 포클레인 소리까지 들어와 한 가족으로 어울려 저장된다. 불암산 치마 한 자락이 한 편의 시로 편집된다.

하나의 우주를 전송한다.
스마트폰을 닫는다.

연인(戀人)

아침 햇살이 젖빛 물감으로 번져나가고 있다
배추흰나비와 개망초가 서로 입술을 맞대고 있다
우주 한 귀퉁이가 감전되는 순간,
축축하게 젖은 풀숲에서 물새알들이
하나도 깨어지지 않고 다 부화하는 순간이다.

시인의 보약

부암동에서는 햇살이 보약이다
어느 시인은 햇살로 늙은 감기를 다스린다
산자락 사이에 둥글게 싸여 있어
약탕기처럼 오목하게 따뜻한 동네,
햇살이 대바구니에 합환피처럼 쌓인다
늦은 가을 보약 받아먹으러 사람들이
자하문고개 꽈리넝쿨같이 이어진다
이곳엔 돈 냄새 싫어하는 사람들이
단풍처럼 상기된 얼굴로 찾아든다
오지호의 「남향집」을 닮은 단층집 마당,
기울어가는 햇살이 대봉감에다 기름칠하고 있다
햇살처럼 부드러운 이 동네에 들어서면
'재활용'에 버려진 외투 같은 인생들도
초겨울 장미처럼 서리 맞고 피어난다

산소통

새털구름은 시월 한 달간만 잠깐
피었다 사라져야 한다.
영랑의 모란처럼 살뜰히 기다리며
일 년을 버텨야 한다.
가을에 만났다 겨울에 떠나간 연인이어야 한다.
어둑한 마음 한구석 숨구멍이고
잠수부의 산소통이어야 한다.
이젠 사시사철 시도 때도 없이
봐야만 하는 새털구름, 군대서
우려먹고 우려먹어 맹물이 다 된
명화 「사운드 오브 뮤직」이다.
울란바토르 광장의 낡은 소련식 극장이다.
텅 빈 광장에서 고개를 떨어뜨리고
날 닳은 돌멩이나 걷어차며 돌아다닌다.

영랑의 봄

한 발짝만 헛디디면 사방이 낭떠러지다.
마음마저 무너져 내릴까
가슴에다 독을 차고
하늘을 우러르고 있다.

순백의 모란이 피는 순간만큼만
언뜻, 하늘이 열리고 마음 문이 열린다.
삼백예순날 하냥 울면서 기다리던
찬란해서 슬픈 영랑의 봄이 피었다 진다.

어디서 또다시 만날 수 있을까,
돌담에 속삭이는 햇발같이 따사로운 시,
풀 아래 웃음 짓는 샘물같이 맑은 시,
순수해서 불온한, 불온해서 순수한

시인의 길

마들 사는 시인이 생머리 질끈 묶고서
산벚꽃 피어 있는 봄 산으로 들어간다.
세수하고 머리 매만지고 등산복 차려입고
예를 갖추어 올라간다.
젖무덤같이 몽실몽실 피어오르는
참나무숲이 끌어당기는 대로 이끌려 간다.
새댁 친정 가듯 흥얼거리며 간다.
관절이 아픈데도 시뿐시뿐 날아서 간다.
황장목처럼 곧게 살아온 그녀가
수락산 숲 갈래 길에서 인생의 길을 선택하듯,
마음도 따라갈 길을 위해 머뭇머뭇거린다.
숲의 길에다 자신의 길을 맞추어보며 진로를 정해본다.
어느덧 산의 길과 시의 길이 대충 들어맞는 칠순이다.
그녀가 가는 길이 곧 길이 된다.
흘린 눈물의 염도만큼
세상의 숨은 길들이 그 모습을 드러내 보여준다.

목이 긴 누이

마른 장미는 기다리는 여인이다
향기는 사라져도 기품은 살아있다
은빛 화병의 저 마른 장미는
목이 긴 누이를 닮았다
모딜리아니의 여인 잔느 아래서
누이의 머리는 곧잘, 먼저 간
남편 쪽으로 기우뚱 기울어진다
장미의 마른 향기도 그쪽으로 쏠린다

슬픈 시집

배낭 하나도 못다 채우는 짐을 메고서
야간열차에 몸을 실었네.
블루스 같은 대전역을 통과하고 있었네.

헤어진 지 수년이 지나서야
비로소 한 여인이 통곡하면서 떠나가고 있었네.
내 마음속에서 눈물로 놓아주고 있었네.
모래바람 불고 사막 같은 그 빈자리에
또 한 여인이 빗물처럼 스며들고 있었네.
갈라터진 마음 밭을 적시며 흘러들고 있었네.
평생 흘릴 눈물을 예감하면서 들어와 있었네.

늦은 사랑을 두고 떠나는 자의 완행열차는
한 권의 슬프고도 아픈 시집이었네.
내 인생이 흔들릴 때마다 펴보는 낡지 않는 시집.

시인

어린애처럼,
비뚤비뚤한 시를 써도
뼛속까지
시인인 사람들이 있다.
시를 쓰지 않아도
더 시인다운 사람들이 있다.
낮에는 피지 않는
박꽃 같은 사람들,
수줍게 향기를 감추고 사는
달맞이꽃 같은 사람들.

남천(南天)

남쪽 하늘을 품어
잎잎이 붉다

푸름은
한낮처럼 지나가 버리고

회오만
길게 남아

겨울이 다 지나가도록
열매를 떨구지 못하고 있다

살을 에일수록
더욱 아리게 붉어지는 저 잎새.

거꾸로 걷는 사람들

이 시대의 찬란한 시(詩)들은
십이월에 내리는 산성비다.
어시장 창고에 쌓여 얼어붙은 물메기다.
얼음 인간이 냉동 언어로 쌓아올린 집이다.
시의 한 귀퉁이를 잘라 봐도 피가 흐르지 않는다.

피가 도는 말의 집을 짓기 위해
거꾸로 걷는 시인들도 있다.
진흙과 볏짚 같은 말들로 집을 세우고 있다.
산도 바람도 이웃도 들어와 놀 수 있는 집,
들어올수록 방이 늘어나는 집을 짓고 있다.

제3부

뒤안길로 사라져버린 것들

　소리 죽인 가을 강을 바라보다 꽁초가 타들어가는 줄도 모르고 있는 재삼, 이렇다 할 일 없이 길고 긴 밤 모과차 마시며 가을 빗소리나 듣고 있는 용래, 삼포 가는 길 위의 백화와 영달, 상여집이 있던 타리고개의 선소리꾼 황씨, 버려진 여물통에 비친 별빛, 공납금 대려고 보리쌀을 내다 팔고 있는 아낙네들, 물고기와 참게랑 노는 아이들, 로쟈의 머리를 감싸주던 소냐를 닮은 미스 진, 녹음기로는 다 담아낼 수도 없는 박노인의 목도 소리, 황장목으로 어깨와 등이 내려앉을까 봐 악으로 받쳐주던 소리, 그 소리로 점점 더 시퍼렇게 멍들어가던 동해 바다의 고래, 귀신고래의 신화를 찾아다니며 떠돌던 내 친구, 이젠 골방에서 폰으로 반구대 암각화나 검색하고 있다.

　시간을 계산기가 아니라 돗자리로 사용하다
　시간으로부터 밀려난 자들.

시인의 유산

물려받은 것이라곤 오로지
낡은 박 바가지 하나뿐,
여기저기 금이 가서 무명실로 꿰맸다.
실밥마저 터져버리고 흔적만 남았다.
빨치산 피해 면소재지로 옮겨오던 해 만든
내 나이보다 더 오래된 바가지
불암산 밑 내 방에 고이 걸려 있다.
바람 같은 아버지를 용서할 수밖에 없던
어머니의 말라버린 눈물 자국이 배어 있다.
바람 소리 휘몰아치는 겨울밤 바가지에다
우울증 걸린 작은형의 긴 한숨으로 시를 적는다.
허드렛일만 해온 둘째 누나의 눈물로 코팅을 한다.
닳고 해진 바가지에는
청도의 둥근 산이 들어 서 있고
버들치, 송사리 떼 욜욜거리는 개천이 흐른다.
부스럼 허옇게 드러난 까까머리 동무들이
물새알을 드러내놓고 개헤엄 치고 있다.

슬픔의 속도

이슬 젖은 찔레꽃 여린 이파리에
눈물이 그렁그렁하다.

찔레순을 씹으면
찔레순 꺾어주던 엄마가 하얗게 떠오른다.

나고야에서 배고파 따먹었다는 엄마의 슬픔이
찔레꽃 향기처럼 밀고 들어온다.

둥글게 굴러가는 슬픔은 얼마나 빠른가.
몸속에서 얼마나 깊게 내려가는가.

눈물로 염장된 슬픔은 얼마나 짠가.
얼마나 힘이 센가.

찔레꽃 천지인 당고개 독거노인들을 보면
슬픔은 백신이고 항생제다.

돌 속의 잠

물소리, 새소리, 바람 소리만 받아주는
돌멩이 속으로 들어가고 싶다.
쇳소리, 사이렌 소리, 굴착기 소리는 다 튕겨져 나가는
피아골 돌멩이 속에다 집을 짓고 싶다.
툇마루가 있는 오두막을 짓고 싶다.
바람도 노루도 자고 가라고
따로 방 한 칸을 더 두고 싶다.
가슴속 불덩이도 없이, 이명도 없이,
한 천 년 돌이 되어 잠들고 싶다.

삼천포는 쉼표다

햇살이 햅쌀밥처럼 윤기가 흐르는 삼천포,
삶의 맥이 흐트러진 인생들이
쉬어가기 좋은 쉼표 같은 항구다.
목 놓아 울고 싶어 찾아오는 이들을
멸치 새끼처럼 품어주는 둥근 바다다.
구르고 구르다 자갈 박힌 마음들을
한없이 보듬어주는 품이 깊은 여인이다.

백도라지야

도라지야, 도라지야
심심산천에 백도라지야, 너는?

반지하를 닮은 그의 몸 안에는 바람이 불지 않고
구름도 폐차 모양 찌그러진 채 멈추어 있다
폐차장 공터처럼 녹물이 검붉게 흐르는 정신,
삼십 년 먹어 온 약으로 유리창처럼 희뿌옇다
흙먼지 자욱한 유리창 너머로 꿈꾸는 세상은 은어 빛
깔이다
탈색한 고무장갑같이 푸석푸석해진 손으로
60년대 청도의 개천을 그리고 있다

바람아, 바람아
뒷동산의 푸른 솔바람아, 너는?

민낯

앞모습도 뒷모습도 아닌
잠든 얼굴이 진짜 모습이다.
꾸밀 수도 감출 수도 없는 민낯,
자신이 팔고 있는 고등어를 닮은 그가
덜컹대는 지하철에서
간고등어 모양으로 자고 있다.
서울이란 좌판 위에 내던져진 그의 생(生),
고향 바다에서 멀어진 만큼
감겨진 눈은 깊게 일그러져 있다.
놀란 듯이 쩍 벌어진 입속에서는
잿빛 신음 소리가 난다.

그를 삼킨 도시가 둔중하게 앓고 있다.

가을하늘은 애가 쓰여 양털구름으로 덮어준다.

보리깜부기

세월이 제 맘대로 주물러놓고 가버린 노인이
차일 아래서 장국밥을 먹고 있다.
아득한 추억을 되새김질하듯
오물오물거리고 있다.
주머니서 끄집어낸 검은 비닐봉지로
입을 닦아가며 보리깜부기 모양 웃고 있다.
국밥집과 같이 늙어온 할머니는 보이지 않고
언제부턴가 며느리가 국의 간을 맞추고 있다.
노인은 할머니가 궁금해져 올 때마다 애써
초점 없는 눈길로 장터 안을 둘러본다.
노인의 관절처럼 삐걱거리는 시장 풍경이
기우뚱 기울어져 있다. 다들 삭고 있을 뿐이다.

호박 빛깔

호박죽을 끓이고 있는 아내에게서
늦은 가을 들판 냄새가 난다

호박 빛깔로 웃고 있는 아내에게서
산골의 저녁노을 같은 시(詩) 냄새가 난다

호박처럼 늙어갈수록
은근한 맛이 나는 사람들이 있다

두엄 밭에 뿌리내린 호박처럼
삶 자체가 시(詩)인 사람들이 있다

뒤켠에 무심히 내버려둔 넝쿨,
뙤약볕 무서리에 저 홀로 여물은 호박

하늘을 닮아 둥글게 텅 빈 속에서
높고 외롭고 쓸쓸한 시(詩)가
호박씨같이 단단하게 익어가고 있다

그릇론

탁한 물이 더 깊어 보인다
탁한 물에는 큰 고기가 사는 것처럼 보인다
사물과 분리된 언어처럼 흐리고 탁한 시대
언어를 적당히 휘젓고 흩트려놓아서
속을 들여다볼 수 없게 한 머리 좋은 시들이 있다

그릇의 크기를 논하는 사람들은 많다
똥통인지 오줌통인지도 모르고
뭐든지 크기만 하면 좋다고들 한다
그릇이 깨어지도록 쑤셔 넣는 시대, 그릇의 크기보다
그릇에 담긴 것을 말하는 사람은 흔치 않다

불편한 시

안녕하지 못한 시대, 시들이 너무 안녕하다.
아프지 않게 쓰여진 시는 야만이다.
아픔을 아픔으로 느끼지 못하는 세상에 둘러싸여
가시나무새같이 외로워서 시를 쓴다.
오뉴월 보리밭의 까시래기 같은 시를 쓴다.
안녕하지 못한 시대, 시인은 보리밭의 늑대가 되라.
진짜배기 시는 칼날을 숨기고 있는 붕대다.

마이욜

그에게 여인들은 지중해 같은 밤이다.
오디세우스가 이십 년 헤맨 뱃길 같은 밤이다.
밤이 온전히
밤으로만 있던 시절의 여인들이다.
깊고 푸른 지중해 속을 가늠해보듯
자신의 웅크린 몸을 그윽이
들여다보는 풍요로운 여인들,
그녀들의 밤은 한낮 사내들의 상처를 싸매주고 있다.
그녀들의 밤은 연고이며 붕대이며 보약이다.
한낮의 총소리를 쉬게 하는 저녁 종소리다.
길 없는 길들이 난무하는 이 순간에도
그녀들의 밤은 어두울수록 빛나는 별자리이다.
잃어버린 고향을 찾아가는 나침반이다.

가을엔 부자

저렇게 남아도는 햇살만 한 상품이 있을까.
저 부부가 소쿠리에다 주워 담는 낙엽만 한 인테리어가 있을까.
저 하늘거리는 코스모스만큼 부드럽게 파고드는 기교가 있을까.
저 느티나무 잔가지보다 더 충만하게 하늘을 끌어안고 있는 게 있을까.

텅 비어서 깊은 하늘처럼 마음이 가난해지는 가을엔 모두 다 부자가 된다.
돈으로 살 수 없는 것들은 다 그들 것이다.

남들보다 가을을 더 많이 차지한 저 부자들.

목월론

별같이 스스로 빛나는 것들은
죄다 녹아 사라지고
팔릴 것들만 넘쳐난다.
'사랑'이란 말은 발에 채여도
반딧불만큼이나
찾아보기 힘든 게 사랑이다.

금방 맑다가도 이내 흐려지는 일상으로 돌아왔다.
아홉 마리 강아지 같은 것들을 기르기 위해
어설픈 아버지로 살아가고 있다.
청노루가 있어 늘 맑기만 하던
먼 저편으로 가는 길은 잃어버렸다.
바람이 숭숭 들어오는 집으로 허청허청 돌아가고 있다.

경상도 시루떡 냄새가 어른거리는 나이,
아버지와 아우가 잠들어 있는 경주로 간다.
물 위로 떠내려가는 가랑잎처럼 흘러서 간다.

어머니 젖 냄새가 산과 들에 가득하다.
만술 아비 목기 같은 사투리로 지은 시는
언젠가 돌아갈 땅에다 복원한 옛집이다.

오리나무숲과 강나루와 밀밭을 지나
마을에서 마을로 이어지는 길이 들어 있는 시,
어머니의 온기가 구석구석 스며 있는 말의 집,
사라진 별 같은 것들이 그 속으로 되놀아온다.

청도, 감나무가 등불을 켤 때

먼 산 이내가 무시로 내려와
시간을 밀어내는 그곳

늙은 적막이
기지개 켜며 졸고 있는

하얗게 센 외로움이 마른 이끼로
눌어붙어 있는 그곳

감 씨마저 삭여버리는 천 년의 그리움이
오랜 나무 가지 끝에 알알이
등불로 켜지는 그곳 청도

제4부

먼 저편

홀쭉한 배낭에다 손으로 베낀 시집을 넣고
안데스를 걸어서 넘는 체 게바라처럼,
먼 저편이 있는 사람은
길에서도 지치지 않는다.
체에게 먼 저편은 눈 덮인 안데스 너머가 아니다.
악어 떼, 피라냐 우글거리는 아마존 건너가 아니다.
꿈꾸는 자에게 먼 저편은
꽁꽁 숨겨둔 자신의 마음속에 들어 있다.
마음속의 먼 저편이 창공의 별이 되어
사막 너머 숲속으로 이어지는
좁고 가늘고 울퉁불퉁한 길로 인도한다.
모래알 같은 사람과 사람의 만남 속에 물기가 서리고
잉카의 꽃 알스트로메리아가 뿌리를 내린다.
네루다처럼 몽롱하게 목을 빼 올리고
본향을 향해 길게 꽃을 피운다.

감꽃처럼

무심코들 밟고 지나가는 감꽃을 보면
감꽃 같은 엄마가 아슴아슴 떠오른다.
박수근의 아낙네들처럼
눈에 띄지 않게 살다 간
엄마 생각에 내 생(生)이 젖어온다.
해는 길고 시락죽도 떨어진 날,
감꽃을 주워주던 애잔한 얼굴로
막내를 잊지 못해 꿈으로 찾아온다.
아기 배꼽보다 작은 감꽃들도 암술, 수술
갖출 건 다 갖추고 이 세상에 왔다.
벚꽃한테는 없는 단맛까지 품고 있다.
세상에 감꽃처럼 주저 없이
입안에 넣을 수 있는 꽃이 그리 흔하던가.

백사마을

낮엔 둘레길에서 아내랑 바구니 들고
산사나무 낙엽을 줍다가
저녁엔 돼지갈비 집에서 시인들이랑
마음이 가난해지는 가을엔
모두가 부자가 된다고
입으로 방귀를 날리다가,
이태백이처럼 달빛을 희롱하며
비틀비틀 걸어서 집으로 오다가
길바닥보다 낮은 동네,
물밑에 가라앉은 듯한 동네를 지나오다가
아직도 연탄을 때는 104번지 마을,
이 세상의 바깥 마을을 내려다보며 오다가,
여기저기 잠망경처럼 솟아오른 굴뚝을
살펴보려고 멈추어 섰다가
연탄가스를 잔뜩 마셨다.
흠씬 두들겨 맞은 듯이,
내 시의 걸음이 갈지자로 바뀌어버렸다.

시인과 장미

시인은 가시로 성벽을 두르고 있는 장미

한 송이 한 송이가 우주의 중심이다

모난 외로움이 가시로 맺혔나

높아질수록 외로울수록 가시가 더 촘촘하다

숨길

누가 내 입에다 재갈을 물리려 드는가.
미친 바람처럼 몰려왔다
연기같이 흩어지는 그들은 누구인가.
거짓과 광기로 눈먼 말들에 찔려
너덜너덜해진 내 이름을 주워 들고서
산 깊숙이 들어간다.
이끌리듯 숲길을 따라 걷는다.
하나의 관악기인 내 몸속으로
숲의 숨결이 부드럽게 흘러들어온다.
내 안에서 아름다운 소리가 울리어 나온다.
계곡물에 내 이름을 빨아
나뭇가지에다 하얗게 말린다.
마음에 결박을 풀어주는 숲길은 숨길이다.

오각형 방

그의 눅눅한 시에는 언제나
십일월의 비가 내린다
소주병이 나뒹구는 골방 냄새가 난다
곰팡이 포자를 먹고 사는 틸란드시아,
뿌리가 시의 행간에 맥없이 떠 있다
비쩍 마른 새벽꿈들이 비에 젖어 있다
뱉어내지 못한 몸속 가득 찬 말들이 젖어 있다
엉겨 붙은 말들이 입안에서 잘 떨어지지 않는다
햇볕 한 조각 들지 않는 방에서 그가
엉킨 실타래 풀듯 시로 풀어내면 이따금
틸란드시아 푸른 이파리가 보랏빛 꽃으로 바뀐다

흑백추억

낡은 『성문종합영어』 책갈피에서
툭 떨어진 첫사랑 사진 한 장,
빛바랜 편지지에 싸여 있다.
마른 장미 바스락거리는 향기가 난다.
이사 다닐 때마다 몰래 숨어
내 방에서 사십여 년을 동거해왔구나!
꿈속에서처럼 조금도 늙지 않았으나
마른 장미같이 조금은 쓸쓸해 보였다.
세상 안으로 꺼내면 금방 바스러질 것 같아
낡은 편지지에다 곱게 다시 싸서
내 몸 가장 깊은 곳에다 숨겨주었다.

소한(小寒)

겨울소나타로 두드리는 눈발

악보같이 펼쳐진 벌판

재두루미들이 여기저기 흩어져

4분음표 모양, 외발로 서 있다

긴 부리로 서로 부비며 한기를 털어주고 있다

비올라 소리가 난다

고사리같이 움츠러든 마음들

도르르 펴진다

얼음장 밑 돌미나리

머리를 디밀고 있다

유월

당신 침묵만큼이나 깊고 무거운 산, 이 밤

뻐꾸기 한 마리가 온 산을 울리고 있습니다.

천지간(天地間) 내 몸도 따라 울고 있습니다.

부드러운 물살 같은

보도블록에서도 쓰레기더미에서도
부지런히 탄성 내지르며
숫아오르는 저 잡풀들,
저 잡풀들 겨드랑이 사이로
스쳐가는 바람
바람 같은 힘,
때때로 비를 몰아다가
민지를 씻겨주는 그 힘,
끝도 없이 먼지 먹고 사는
때 절은 이 도시에서
스스로의 힘만으론
씻을 수 없는 속내 먼지 닦아주는
부드러운 물살 같은 그 힘.

라라를 기다리며

이 세상 지워버리듯
천지간에 눈만 내리고

그대 실은 하행열차는
황량한 내 마음의 들판에
소실점을 그리며 사라져 갔다
너의 말과 나의 말이
서로의 혀처럼 얽혀 있는데
차마 풀어낼 생각조차 못하는데

천지간에 눈만 내리고
눈 덮인 자작나무숲뿐이고

해바라기 한 송이 피지 않는 내 몸속으로
텅 빈 기차만 돌아온다
이 기차가 지나가고 나면
우울한 희망처럼
또 다른 기차가 다가오겠지

허무를 허무로 덮어버리듯
천지간에 눈만 내리고

그대 없이는, 숨어들
한 칸 오두막도 없는데,
이 폐허의 역사에서
노새랑 어치랑 사새랑
한 치 비켜날 벼랑조차 없는데

사람의 숲

뉴기니 정글보다 더 깊고 눅눅한
내면으로 빠져들고 싶지가 않다.
다이달로스 지하 미궁보다 복잡하게 설계된
내 안에서 길을 잃고 헤맬까 두렵다.
발에 채여 흩어지는 모래알 같은 사람들이
마음 문에 빗장을 걸어 잠그고 있다.
자유를 찾아 자기 안으로 떠난 컴컴한 그 길에
잡초 하나 없는 좁은 그 길에
참새 한 마리 숨 쉴 산소라도 있는지,
자기 덫 속으로 더 깊게 빠져들고 있는 건 아닌지,
사람과 사람이 만나는 곳에
창공이 열리고, 멀리서 떠도는
나그네 길을 별빛이 비추어준다.
얼굴도 음색도 다른 사람들이 마을을 이루는 곳에
산지기 멜러즈가 살던 숲이 다시 생기고
채털레이 부인 같은 앵초꽃이 핀다.
사람의 숲에서는 지리산 편백나무숲보다
더 짙은 피톤치드가 뿜어져 나온다.

그 숲을 가꾸며 늙어가는 시인이 되고 싶다.

모과 빛

늦은 가을 저녁밥 짓는 연기가 포대기 모양 집을 감싸고 있다

호박 넌출이 외따로 떨어진 헛간 위로 차고 올라가 시들어 있다

사위어가는 햇살이 마당귀 배추밭에 한해의 마지막 기름을 기울여 붓고 있다

손님같이 왔다 주인처럼 머물렀다 가는 산골 바람이 배추를 쓰다듬으며 속살이 차오르게 한다

집주인도 강아지도 손님으로 와 얹혀살고 있는

조그맣고 텅 비어서 점점 더 커져가는 산자락 외딴집

삼십 촉 백열등이 모과 빛으로 번져 나온다

그들은 '그들'이 아니라 자기 자신으로 살다 죽을 것이다

말의 집

시는 말로 지은 집이다.
먼 저편에다 세운 푸른 집이다.
낡은 집을 허물고 새로 쌓아올린 집이다.
이웃들이 가재와 참게를 데리고 들어와
함께 먹고 놀기도 하는 집이다.
바람도 별빛도 나그네로 머물다 가는
넓은 마루가 있는 집이다.
저편 마을로 가는 길은
유격대가 밤을 틈타 행군하던 만주벌판보다 멀다.
적과도 한방을 쓸 수 있는 집을 만들기 위해,
심장이 녹아내릴 것만 같은 아픔을 껴안고
밤을 하얗게 지새워 써야 하는 시.
버들치처럼 맑은 시인의 피가 흐르고 있는 집,
산꿩이 날아와서 둥우리를 치고
다람쥐가 쪼르르 달려와서 먹이를 얻어간다.
말로 엮은 집에는
피레네 산골 농부의 집만큼이나 숨구멍이 많다.

해설

무기교의 기교와 서정의 저력

차성환(시인)

 최서림 시인은 '이서국'이라는 근원적 원형으로서의 고향을 떠나온 자가 자본주의 질서의 속악한 세상에서 어떻게 살아야 하는지를 시적 화두로 삼고 오랫동안 탐구해왔다. 그가 걸어온 길은 근원적 고향인 '이서국'을 떠나온 길이면서 다시 '이서국'으로 돌아가기 위한 길이다. 이번에 펴낸 여덟 번째 시집 『사람의 향기』 또한 '이서국'을 향한 길의 연장선상에 놓여 있다. 25년이 넘는 시력이 응축된 그의 시세계는 이제 새로운 분기점을 맞은 듯하다. 무겁지 않게 가벼운 필치로 그려내는 작품들은 시인의 완숙함과 어떤 통달의 경지를 느끼게 해준다. 한결 편해진 것처럼 보이지만 그렇다고 세상과의 섣부른 화해와 탈속(脫俗)으로 나아가지 않는다. 기교가 없이 일견 투박해 보이지만 그 안에는 무심한 듯 단단한 결기와 힘이 숨어 있다. 소박하고 소담하고 정갈하다. 시인의 질박(質樸)한 성품이 그대로 담겨져 있다. 타협할 수 없는 '세상의 가시'에 여전히 아파하면서도 우리가 돌아가야 할 근원적 기원에 대해 고집스럽고 우직하게 노래한다. 나의 상처를 내어주더라도 세상이라는 적마저 한 몸으로 끌어안고 분연(奮然)히 삶의 근원적 원형으로 복귀하겠다는 의지가 선명하다. 그것은 서정의 저력이라고 부를 수 있을 것이다.

최서림 시인은 서정의 힘을 발휘할 수 있는 가장 좋은 길이란 마음의 결을 꾸밈없이 소박하게 그대로 시에 담아내는 것이라는 사실을 깨달은 듯하다. 꾸민 듯하지만 꾸미지 않은, 무기교의 기교. 아무에게나 쉽게 주어지지 않는다. 오랜 시간 마음을 삭이면서 시를 갈고 닦은 자가 도달할 수 있는 경지이다. 그리하여 최서림은 이 무기교의 기교를 통해 세상 한가운데에 숨통인 '구멍'을 내고 서정의 숨은 힘을 불어넣는다. 그의 서정시가 가진 힘의 근원을 찾기 위해 우리는 다시, '이서국'으로 들어가야 한다.

몸집은 남방식 고인돌만 한 싸움소인데,
얼굴은 이서국 농부같이 순한 일소이다.

영천최씨와 더불어 대대로 맥을 이어온 소,

우랄을 넘어 청도 땅까지 터벅터벅 걸어 들어와
작은 네 발굽으로,
고인돌보다 무거운 생을 떠받치고 있다.

노간주나무 코뚜레에 꿰이고
쇠말뚝에 붙들어 매여
둥둥 떠가는 구름만 멀거니 바라본다.

노역으로 허리가 휘어진 우리 아버지처럼
한번도,
들이받아 보지 못한 뿔 속의 화(火)가
눈물로 삭아 그렁그렁 고여 있다.

─「아버지 소」전문

「아버지 소」에서 '나'는 아버지가 농사지을 때 부렸던 소를 바라보면서 자신의 근원을 탐색한다. "몸집은 남방식 고인돌만 한 싸움소"로 강인한 힘이 느껴지지만 그 소의 "얼굴은 이서국 농부같이 순한" 모습을 하고 있다. '이서국(伊西國)'은 지금의 경상북도 청도 지역에 있던 삼한시대 부족국가로, 다시는 되돌아갈 수 없는 근원적 고향이자 이상향이다. '나'에게 "순한 일소"는 인간과 소가 친근하게 닮아 있는 '이서국'을 떠올리게 한다. '일소'

의 얼굴에는 소와 더불어 대대로 삶을 영위해온 "영천최씨"의 가계(家系)가 고스란히 담겨 있다. 고대의 우리 민족이 북방의 우랄산맥을 넘어 남방의 청도 땅까지 이주해온 것처럼, '소' 또한 "작은 네 발굽으로" "터벅터벅" 걸어서 "영천최씨" 일가를 따라 내려온 것이다. 한민족이 걸어온 역사의 무게만큼이나 '소'는 그 커다란 몸집으로 "고인돌보다 무거운 생을 떠받치고 있다." "코뚜레에 꿰이고/쇠말뚝에 붙들"리는 삶의 질곡(桎梏)에도 항의하지 않고 순박한 농부의 얼굴로 "구름만 멀거니 바라본다." 그러나 그 바라봄은 삶의 해탈이나 유유자적(悠悠自適)한 만족에서 오는 것이 아니라 "들이받아 보지 못한 뿔 속의 화(火)"를 담담하게 마음속으로 삭이면서 "일소"로서의 삶을 받아들이고 견지(堅持)하기 위함이다. "노역으로 허리가 휘어진 아버지"가 자신에게 주어진 힘든 삶을 한번도 거부하지 않고 묵묵히 한곳에서, 가족과 함께 살아가야 할 삶의 터전을 갈고 닦은 것처럼 말이다. "일소"의 삶도 그러하다. 시인은 '소'의 얼굴에서 '아버지'를 발견한다. 그것은 곧 '나'의 얼굴이고 '우리'의 얼굴이지 않은가. 눈가에 "그렁그렁 고여 있"는 "눈물"은 인간이 숙명적으로 받아들여야 할 삶의 슬픔을 의미한다. "뿔 속의 화(火)"라는 분노도 인간의 중요한 감정에 속하지만 슬픔이 더 강하고 인간을 더 고귀하게 만든다. 그는 대대로 내려오는 이 슬픔의 힘을 믿는다. 우리의 삶을 지탱하는 슬픔의 힘은 곧 서정의 힘이기도 하다.

> 기쁨은 염소같이 곧잘 옆길로 새지만
> 슬픔은 한 생애를 황소처럼 끌고 간다.
>
> 샛길로 샌 기쁨은 흔적도 없이 사라져도
> 눈물을 삭이며 걷는 슬픔은 길을 잃지 않는다.
>
> 기쁨은 슬픔이라는 바다 위에 떠 있는 빙산이다.
> 바닷물이 짤수록 빙산은 오롯이 잘 떠 있다.
> ―「슬픔의 힘」 전문

 오욕칠정(五慾七情)으로 들끓는 우리의 마음을 어디로 이끌어야 할까. 오욕(五慾)과 칠정(七情) 중에서 시인은 믿을 수 있는 것은 오로지 '슬픔'이라고 말하는 듯하다. '기쁨'은 갈피를 잡을 수 없는 "염소같이 곧잘 옆길로 새"고 "흔적도 없이 사라"지지만 '슬픔'은 "눈물을 삭이며 걷는" "황소처럼" 결코 "길을 잃지 않"고 우직하게 "한 생애를" 묵묵히 "끌고 간다." 우리가 '기쁨'을 "오롯이" 느낄 수 있는 것은 우리의 생애가 '슬픔'으로 가득 차 있기 때문이다. '슬픔'이 없다면 삶의 '기쁨'도 주어지지 않는다. "바닷물"의 염도가 높아야 "빙산"이 잘 떠 있을 수 있듯이 '슬픔'으로 흘리는 눈물이 짤수록 '기쁨'은 우리에게 더 선명하게 찾아온다. '슬픔'은 '아버지 소'처럼 우리의 삶을 이끌고 어디로 나아가야 하는지를 알려준다.

『사람의 향기』에는 유독 슬픔의 정서가 두드러지게 나타나 있다. 한편에는 어머니와 누이, 첫사랑에 대한 개인적이고 애틋한 기억과 슬픔이 있고 다른 한편에는 우리의 근원인 순수한 고향/자연으로부터 멀어지는 세상에 대한 슬픔이 가득하다. "공무도하, 쓰러진 여인의 몸에서 쏟아진 눈물이"(「짝새」) 담겨져 있고 "내 인생이 흔들릴 때마다 펴보는 낡지 않는 시집", "한 권의 슬프고도 아픈 시집이"(「슬픈 시집」) 그림자처럼 새겨져 있다. 최서림 시인은 한평생 자신의 마음속에 슬픔을 삭이면서 그 슬픔의 힘으로 '시'를 쓴다. 시인이 "흘린 눈물의 염도만큼/세상의 숨은 길들이 그 모습을 드러내 보여"(「시인의 길」)주는 것이다. 그는 "안녕하지 못한 시대, 시들이 너무 안녕하다./아프지 않게 쓰여진 시는 야만이다./아픔을 아픔으로 느끼지 못하는 세상에 둘러싸여/가시나무새같이 외로워서 시를 쓴다."(「불편한 시」)고 말한다. 슬퍼하고 아파하는 감각이, 생의 근원으로부터 멀어져가는 세상의 타락을 늦추고 인간에 대한 깊은 사랑으로 몸을 돌리게 한다. 이 시대에 "슬픔은 백신이고 항생

제다."(「슬픔의 속도」) 고로 슬픔은 시인의 증표이기도 하다. 슬픔을 삭이면서 쓰는 이 '시(詩)'들이 궁극적으로 담아내고자 하는 것은 유토피아적 시공간인 '이서국'이다. 현실에서는 회복될 수 없는 삶의 원형인 '자연'과 '고향'을, '시'를 통해 복원해서 밝혀 보여주려는 것이다. 그는 가닿을 수 없는, 안온한 이상향의 세계를 슬프고 아름답게 그려낸다.

> 하루라도 말의 숲에 들지 못하면
> 몸 안의 이파리들이 시들시들해지는 사람들이 있다.
>
> 하루라도 시의 숲속에다 나무를 심지 못하면
> 몸 안에서 피톤치드를 뿜어내지 못하는 사람들이 있다.
>
> 지구상에서 사라진 이서국에는
> 지금도 황장목이 숲을 이루고 있다.
>
> 그 숲속에서 너구리와 도마뱀과 산꿩이
> 사람들과 말을 섞으며 함께 숨 쉬고 있다.
>
> 소나무숲 같은 말의 집을 지으려
> 이서국의 성문을 두드리고 두드리는 사람들이 있다.

삼국유사 속에서 숨어 살고 있는 이서국 사람들은
좀처럼 성문을 열어주지 않는다.

—「말의 숲」 전문

여기 '말의 숲'이 있다. 어떤 사람들은 생명을 키우는 '말의 숲'에 "하루라도" 들어가지 못하면 "몸 안의 이파리들이 시들시들해"진다. '말의 숲'은 "시의 숲"이기도 한데 그곳에 "하루라도" "나무를 심지 못하면" 즉, '시'를 쓰지 못하면 나무가 스스로 몸을 보호하기 위해 내뿜는 항균성 물질인 "피톤치드를 뿜어내지 못"한다. 이 사람들은 시인이거나 시인의 마음을 가진 사람들일 것이다. 숲에 들어가고 나무를 심는 일은 자연보호라는 큰 뜻에 의해서 움직이는 것이 아니다. 예술을 위한 예술, 시를 위한 시가 아니다. 우선적으로 내 몸 안의 생명을 살리기 위해서이다. 그냥 두면 내 몸이 죽어가기 때문에 내 몸을 보호하고 지키기 위해서 '시'(나무)를 심는 것이다. 그런데 세상으로부터 '나'를 살리기 위해 쓴 시는 "피톤치드를 뿜어내"고 이 이로운 물질은 다른 생명들이 살아 숨 쉬게 만든다. 나를 살리는 일이 남을 살리는 일이 된다. '말의 숲', '시의 숲'이 닮고자 하는 근원적인 시공간은 "지구상에서 사라진 이서국"이다. "황장목이 숲을 이루고" "너구리와 도마뱀과 산꿩"과 같은 동물들이 "사람들과 말을 섞으며 함께 숨"을 쉬는 곳이다. 누군가가 동물과 인간의 말이 분리되지 않고 서로 화합하는 '이서국'을 꿈꾼다. 그 "성문을 두드리고 두드리는 사람들"은 이 땅 위에 '이서국'을 닮은 "소나무숲 같은 말의 집"을 짓기 위함이다. '이서국'은 "삼국유사"의 기록에서나 볼 수 있고 더 이상 세상에 존재하지 않는 나라이기에 좀처럼 "성문"은 열리지 않는다. 하지만 일군의 사람들은 '이서국'을 실현시키기 위해 끊임없이 "성문"을 두드리고 깨우면서 그 존재를 널리 알리기 위해 애쓴다. '이서국'은 현실에 존재하지 않지만 이 "성문"을 두드리는 행위를 통해서 '이서국'은 살아있는 이상향으로 기능할 수 있다. '이서국'에 들어가기 위한 '두드림'이 '이서국'을 만든다. 시인이란 이러한 불가능한 일에 모든 것을 걸고 실천하는 자이다. 슈베르트, 이중섭, 박수근, 권진규, 박재삼, 박용래, 천상병, 박목월, 백석, 김영랑, 마이욜, 네루다, 체 게바라. 이번 시집에 등장하는 많은 시인, 화가, 조각가, 혁명가, 작곡가들은 모두 다 "이서국 사람들"이자 '이서국'을 예언하는 자들이다. 최서림 시인은 이들의 대열에 서서 인간이 자연과 함께 화합하고 번성하는 근원적 삶의 원형을 향유하는 세상을 꿈꾼다. 따라서 '이서국'은 과거의 문헌 속에 묻혀 있는, 되돌아갈 수 없는 가상의 나라가 아니라 우리의 미래에 속해 있다. 그런 의미에서 서정시인은 혁명 반군이 된다. "순수해서 불온한, 불온해서 순수한" "시"(「영랑의 봄」)를 무기로 세상과 싸운다. 이 싸움은 적국의 심장에 '시의 숲'을 심어 '나'를 살리고 '적'을 살리는 일생일대의 게릴라전이 된다.

> 홀쭉한 배낭에다 손으로 베낀 시집을 넣고
> 안데스를 걸어서 넘는 체 게바라처럼,
> 먼 저편이 있는 사람은
> 길에서도 지치지 않는다.
> 체에게 먼 저편은 눈 덮인 안데스 너머가 아니다.
> 악어 떼, 피라냐 우글거리는 아마존 건너가 아니다.
> 꿈꾸는 자에게 먼 저편은
> 꽁꽁 숨겨둔 자신의 마음속에 들어 있다.
> 마음속의 먼 저편이 창공의 별이 되어
> 사막 너머 숲속으로 이어지는
> 좁고 가늘고 울퉁불퉁한 길로 인도한다.
> 모래알 같은 사람과 사람의 만남 속에 물기가 서리고
> 잉카의 꽃 알스트로메리아가 뿌리를 내린다.
> 네루다처럼 몽롱하게 목을 빼 올리고
> 본향을 향해 길게 꽃을 피운다.
> ―「먼 저편」 전문

'체 게바라'는 배낭에 "손으로 베낀 시집"을 넣고 혁명을 이루기 위해 "안데스를 걸어서 넘는"다. 인민이 해방된 이상향의 나라인 "먼 저편"을 꿈꾸는 '체 게바라'는 시인에 다름 아니다. "먼 저편"을 믿는 사람은 거칠고 험한 세상의 "길에서도 지치지 않는다." "먼 저편"은 '이서국'과 마찬가지로 현실에서는 찾을 수 없는 나라이다. "눈 덮인 안데스 너머"에도 없고 "악어 떼, 피라냐 우글거리는 아마존 건너"에도 존재하지 않는다. 오로지 "자신의 마음속에"서 "먼 저편"을 꿈꾸는 자만이 그것을 가질 수 있는 것이다. "먼 저편"으로 가는 길은 불가능해 보이고 "좁고 가늘고 울퉁불퉁한" 슬픔의 길일 수도 있겠다. 그러나 모래알갱이 삭막한 "사람과 사람의 만남"에 "물기"가 생기게 하고 우리를 결국엔 "사막 너머 숲속으로" 이끈다. "먼 저편"은 우리가, "잃어버린 고향을 찾아가는 나침반"(「마이욜」)을 한 손에 꼭 쥐고 힘차게 발을 구르게 한다. "먼 저편"의 도래를 꿈꾸는 자는 "알스트로메리아"라는 생명이 "뿌리"를 내리고 희망의 "꽃"이 피어나는 것을 본다. 본향에 돌아갈 것을 꿈꾸는 네루다처럼, '이서국'에 들어가고자 하는 시인처럼 "알스트로메리아"는 "목을 빼 올리고" "먼 저편"을 "향해 길게 꽃을 피"우는 것이다. 꽃이 한두 송이 피어나고 나무와 새가 들면 이곳은 곧 말의 숲, 시의 숲이 된다.

시는 말로 지은 집이다.
먼 저편에다 세운 푸른 집이다.
낡은 집을 허물고 새로 쌓아올린 집이다.
이웃들이 가재와 참게를 데리고 들어와
함께 먹고 놀기도 하는 집이다.
바람도 별빛도 나그네로 머물다 가는
넓은 마루가 있는 집이다.
저편 마을로 가는 길은
유격대가 밤을 틈타 행군하던 만주벌판보다 멀다.
적과도 한방을 쓸 수 있는 집을 만들기 위해,
심장이 녹아내릴 것만 같은 아픔을 껴안고
밤을 하얗게 지새워 써야 하는 시.
버들치처럼 맑은 시인의 피가 흐르고 있는 집,
산꿩이 날아와서 둥우리를 치고
다람쥐가 쪼르르 달려와서 먹이를 얻어간다.
말로 엮은 집에는
피레네 산골 농부의 집만큼이나 숨구멍이 많다.
　　　　　　　　　　　　　—「말의 집」 전문

　시는 '글'이 아니라 "말로 지은 집"이다. 의미를 생성하기 이전에 몸의 발성기관들이 작동하여 호흡에 실려 나오는 것이 '말'이다. 이 날것의 '말'은 우리의 몸과 자연에 더 가깝다. '말'은 발화자와 청자 간에 동시적으로 일어난다. 즉각적으로 주고받음이 일어나는 역동적인 작업이다. 문법으로 직조되기 전에 몸의 "숨구멍"에서 터져 나오는 숨길과 같은 것이다. 이 '말'의 진정성이, 살아 숨 쉬는 '시'를 토해낸다. 최서림 시인은 우리의 몸속에서 꿈틀거리는 '말'의 힘을 믿는다. 이때의 '시'는 "말로 지은 집"이고 '말'을 함께 나누는 공동체이며 '말'을 통해 무언가를 함께 나누려는 마음이라 해도 무방하겠다. "사람의 숲에서는 지리산 편백나무숲보다/더 짙은 피톤치드가 뿜어져 나온다./그 숲을 가꾸며 늙어가는 시인이 되고 싶다."(「사람이 숲」)는 진술처럼, '시'는 사람들이 함께 노닐고 마음을 나누고 치유를 경험하게 하는 '말'의 공동체인 것이다. 시인이 꿈꾸는 집은 사람과 사물이 함께 어울려 숨을 쉬는 '말의 집', '시의 숲'이다. 건강한 말을 회복하고 그 건강한 말로 지은 집에서 타자와 만나고 공감하는 세상을 꿈꾼다. 최서림 시인은 '시'를 통해 치유를 경험하고 '시'를 통해 타락한 세상에 "숨구멍"을 내어주려고 한다. 그것은 곧 타락한 세상에 생명이 움틀 수 있는 "숨길"(「숨길」)을 내어주는 서정시의 본령(本領)이다. 생생하게 살아있는 "말로 지은 집"인 '시'가 세상에 태어날 때 세상은 그만큼 살아 숨 쉬는 공간을 확보한다. "뱉어내지 못한 몸속 가득 찬 말들이"(「오각형 방」), 아직 형체를 가지지 못한 '말'들이 몸의 "숨구멍"을 통해 '시'에 담긴다면, 그 '말의 집'은 우리의 죽어가는 삶을 다시 살아갈 수 있게 하는 최후의 보루이자 아지트가 될 것이다. 신기하게도 "말로 지은 집"은 다른 존재들이 그곳에 깃들면 깃들수록 공간이 좁아지는 것이 아니라 오히려 "방이 늘어나는 집"(「거꾸로 걷는 사람들」)이다. 뭇 모든 사물과 생명을 품어주는 '말의 집'은 타락한 세상에서 유일하게 기댈 수 있는 마지막 희망이다. 그 집에서는 "이웃들"과 "가재와 참게", "산꿩", "다람쥐", "바람도 별빛도 나그네도" 같이 어울리고 심지어는 "적과도 한방을 쓸 수 있"다. 하지만 자본주의 질서가 영위하는 세상이라는 "적"을 끌어안기 위해서는 "심장이 녹아내릴 것만 같은 아픔"을 참으면서 "밤을 하얗게 지새워"야 한다. 그 고통을 감당해야지만 "적"을 품을 수 있는 "말의 집"을 지을 수 있다. 그렇다고 "적"과의 무조건적인 화해를 뜻하지는 않는다.

최서림 시인이 볼 때 이 시대는 살아 숨 쉬지 못하고 바로 죽어버리는 '시'가 도처에 기승하고 있다. "사물과 분리된 언어처럼 흐리고 탁한 시대/언어를 적당히 휘젓고 흩트려 놓아서/속을 들여다볼 수 없게 한 머리 좋은 시들이 있다"(「그릇론」). 죽은 시가 타락한 세상을 만들고 타락한 세상이 죽은 시를 만든다. 도시문명 속에서 누군가는 타자와의 소통을 이루지 못하고 "자기 속에서 헤매다/길을 잃고 말라죽은 시"를 쓴다. 이 시대에 각광받는 "찬란한 시(詩)들"은 우리의 생명을 해하는, "십이월에 내리는 산성비"인 것이다. 그러한 시들은 "냉동 언어로 쌓아올린 집"이고 그 "한 귀퉁이를 잘라 봐도 피가 흐르지 않는다."(「거꾸로 걷는 사람들」) 이 시대는 "피가 도는 말의 집"을 지으려는 시인의 "입에다 재갈을 물리려" 한다. 분명한 실체도 없이 "미친 바람처럼 몰려왔다"가 "연기같이 흩어"진다. 세상의 법에 속한 "그들"은 "거짓과 광기로 눈먼 말들"(「숨길」)을 신봉하는 자들로, '말의 집'이 가진 진실을 은폐하기 위해 시인의 입을 틀어막으려 하는 것이다. 이 적들을 어떻게 해야 할까. 공자는 『논어』의 「자로」 편에서 '화이부동(和而不同)' 즉, 다른 이들과 생각을 같이 하지는 않지만 화합할 수 있는 군자의 덕목에 대해서 말한다. 사람이 사람답게 살 수 있는 '이서국'의 도래를 방해하는 '적'들에 분명히 반대하면서도 그 '적'들을 끌어안고 기어이 "말의 집"을 지으려고 하는, "적과도 한방을 쓸 수 있는 집을 만들"려고 하는 시인의 마음은 가히 경탄할 만한 '화이부동'의 경지를 보여준다. 이처럼 시인의 품은 넓고 끝이 없다. 그의 시는 "높고 외롭고 쓸쓸한 시(詩)"(「호박 빛깔」)이다.

최서림 시인에게는 문명과 자본에 때 묻지 않은 자연의 삶으로 돌아가기 위해 건강한 '말'의 회복이 우선해야 한다는 믿음이 있다. 그것은 서정시에 대한 믿음이다. 일찍이 시인이 노래했던 근원적 고향인 '이서국'이 영영 돌아갈 수 없는 유토피아라면, 시인은 지금 인간의 고귀한 가치가 사라져 가는 타락한 현실에 '구멍'이라는 한 줄의 숨길을 내기 위해 '말'의 공동체를 꿈꾼다. '말'의 공동체는 지나치거나 모자라지 않는 자연을 닮아 있다. 시인은 타락한 세상 한가운데에서 남들은 그냥 지나칠 법한 미물(微物)에 눈길을 준다.

> 보도블록에서도 쓰레기더미에서도
> 부지런히 탄성 내지르며
> 솟아오르는 저 잡풀들,
> 저 잡풀들 겨드랑이 사이로
> 스쳐가는 바람
> 바람 같은 힘,
> 때때로 비를 몰아다가
> 먼지를 씻겨주는 그 힘,
> 끝도 없이 먼지 먹고 사는
> 때 절은 이 도시에서
> 스스로의 힘만으론

씻을 수 없는 속내 먼지 닦아주는

부드러운 물살 같은 그 힘.

—「부드러운 물살 같은」 전문

  여기 "잡풀"이 있다. "끝도 없이 먼지 먹고 사는/때 절은" 도시의 "보도블록"과 "쓰레기더미"에서 누구 하나 지켜보는 사람이 없더라도 "부지런히 탄성"을 내지르면서 "잡풀"은 자란다. 그런데 이 "잡풀"을 살아있게 하는 것은 보이지 않는 어떤 "힘"에 있다. "겨드랑이 사이로/스쳐가는 바람"을 보내주고 "비를 몰아다가" "스스로의 힘"으로는 "씻을 수 없는 속내 먼지"를 닦아준다. "바람 같은 힘", "부드러운 물살 같은 그 힘"은 좀처럼 생명이 자랄 것 같지 않은 곳을 찾아가 볼품없는 "잡풀"을 살뜰히 보듬고 돌보아준다. 뭇 작은 생명도 아끼는 자연의 섭리는 우리의 눈에 보이지 않는 힘으로 세상을 치유하고 유지시킨다. 거기에는 큰 기술과 엄청난 힘이 필요한 것이 아니다. 아무 일도 없다는 듯이 무심코 스쳐가거나 부드러운 물살처럼 흘러간다. 화려한 기교도 없이, 누구를 굴복시켜야 한다는 힘도 없이 자신의 길을 가지만 그가 가는 길은 생명을 돌보는 길이다. 그가 스쳐지나가는 길에는 "잡풀"이 자라고 활기찬 생(生)이 번성한다. 이는 노자의 『도덕경』 45장에 나오는 '대교약졸(大巧若拙)'이란 말에 걸맞다. 큰 기교는 서툰 듯하다. 여기서 '대교(大巧)'는 인간의 인위적인 기교와 다른, 천지자연이 부리는 조화를 의미한다. 자연이 펼치는 삼라만상(森羅萬象)은 서툴고 아무런 기교가 없어 보이지만 실은 최고의 경지에 다다른 것이다. 최서림 시인은 "부드러운 물살 같은 그 힘"에서 서정의 힘을 발견한다. 시의 언어가 자연을 닮아야지만 생명을 품을 수 있다는 진리를 깨닫고 "스쳐 가는 바람"과 같은, 생(生)의 호흡과 같은 '말'의 시에 가 닿는다. 지금 쓰고 있는 해설이 멋쩍을 정도로 그의 시에는 덧말이 필요하지 않다. 읽는 그대로 우리의 마음에 들어와 상처를 보듬는다. 쉬운 듯 보이지만 자연을 닮은 그 순수함 속에는 빛나는 진주를 품고 있다. 그의 시는 "저 하늘거리는 코스모스만큼 부드럽게 파고드는 기교"(「가을엔 부자」)와 같다. '무기교의 기교'라는 놀라운 경지 속에는 생명을 보듬고 치유하는 서정의 힘이 담겨 있다.

『사람의 향기』에는 인간에 대한 무한한 긍정이 자리 잡고 있다. 우리는 모두 '이서국'에서 떠나온 자들이고 다시 '이서국'으로 돌아간다. 자연이 빚은 인간에게는 모두 "잃어버린 고향 냄새가 난다./거기로 가는 길의 흔적이 만져진다."(「지중해」) 최서림 시인은 그 '길의 흔적'을 애잔하게 바라보고 하나하나 톺으면서 우리가 함께 더

불어 사는 '말'의 공동체를 꿈꾼다. 생(生)의 슬픔을 넘어 "어둑한 마음 한구석 숨구멍"(「산소통」)을 내고 한없는 사랑의 공간을 만들어낸다. 이 시집은 "어머니의 온기가 구석구석 스며 있는 말의 집"(「목월론」)이고 "일 년 내내 따뜻한 물이 밖으로 흘러나오는 그 집"(「그 남자네 집」)이다. "배추흰나비와 개망초가 서로 입술을 맞대고" "우주한 귀퉁이가 감전되는 순간"(「연인(戀人)」)이, "강경 새우젓갈 냄새 나는 생(生)의 빛깔"(「박용래와 그의 빛깔들」)과 "버들치 올랑거리는 소리"(「시 담기」)가 담겨 있다. 이곳에는 "수줍게 향기를 감추고 사는/달맞이꽃 같은 사람들"(「시인」)과 "그때 그 살 내음만으로,/본향 같은/첫사랑을 그려내고 있"는 가난한 "화가"(「슈베르트들」)들이 산다. 당신도 들어와 살지 않겠는가. 그의 시는 맑고 깨끗하고 고요하다. 한없이 여리고 슬프고 아름답다.

물소리, 새소리, 바람 소리만 받아주는
돌멩이 속으로 들어가고 싶다.
쇳소리, 사이렌 소리, 굴착기 소리는 다 튕겨져 나가는
피아골 돌멩이 속에다 집을 짓고 싶다.
툇마루가 있는 오두막을 짓고 싶다.
바람도 노루도 자고 가라고
따로 방 한 칸을 더 두고 싶다.

가슴속 불덩이도 없이, 이명도 없이,
한 천 년 돌이 되어 잠들고 싶다.

—「돌 속의 잠」 전문

시인의 말

시인은 집 밖의 사람이다
새 집을 지어놓고도
둥지를 틀지 않는다
끊임없이 허물고 짓다
뿌리를 내리지 못한다
시인은 길 위에서도
길 밖에서도 꿈을 꾼다
먼 저편을 향해 가는
울퉁불퉁한 돌밭길이
시의 길이고 삶의 길이다.

2019년 여름의 끝자락
불암산 솔밭 아래서
최서림

사람의 향기

2019년 9월 27일 초판 1쇄 펴냄

지은이 _ 최서림
펴낸이 _ 양문규
펴낸곳 _ 詩와에세이

신고번호 _ 제2017-000025호
주　　소 _ (30018)세종특별자치시 조치원읍 돌마루5길 2, 104호
대표전화 _ (044)863-7652, 070-8877-7653
팩시밀리 _ 0505-116-7653
휴대전화 _ 010-5355-7565
전자우편 _ sie2005@naver.com
공 급 처 _ 한국출판협동조합
주문전화 _ (02)716-5616
팩시밀리 _ (031)944-8234~6

ⓒ 최서림, 2019
ISBN 979-11-86111-68-0 (03810)

* 지은이와 협의하여 인지는 생략합니다.
* 이 책 내용의 전부 또는 일부를 재사용하려면 반드시 지은이와
  詩와에세이 양측의 동의를 받아야 합니다.
* 책값은 뒤표지에 표시되어 있습니다.

이 도서의 국립중앙도서관 출판예정도서목록(CIP)은 서지정보유통지원시스템 홈페이지(http://seoji.nl.go.kr)와 국가자료종합목록 구축시스템(http://kolis-net.nl.go.kr)에서 이용하실 수 있습니다. (CIP제어번호 : CIP2019036687)